O QUADRO DE MODELO DE NEGÓCIOS

PONTOS-CHAVE

- **Nome:** Quadro de Modelo de Negócios, BMC.

- **Utilizações:** O quadro de modelo de negócios é uma ferramenta estratégica valiosa que é utilizada para conceitualizar novos modelos empresariais ou para documentar os modelos existentes. Ajuda a orientar decisões sobre o lançamento de um produto, uma *start-up* ou um novo processo, ilustrando o valor e a atividade principal de uma empresa.

- **Por que é bem-sucedido?** A simplicidade e clareza da apresentação visual da ferramenta fazem com que seja fácil de se usar sozinha ou como parte de uma equipe.

- **Palavras-chave:**

  - <u>Modelo de negócio</u>: o modelo através do qual uma empresa cria valor. Através de uma estratégia de desenvolvimento do negócio principal, este valor deve manifestar-se em recompensas financeiras para as empresas que são capazes de satisfazer os seus clientes.

  - <u>Plano de negócios</u>: uma projeção, escrita em um documento oficial, que esboça esta estratégia

O QUADRO DE MODELO DE NEGÓCIOS

Faça o seu negócio prosperar com este modelo simples

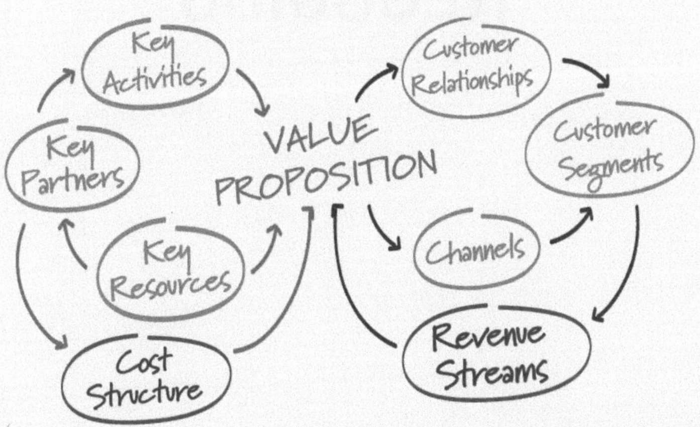

O QUADRO DE MODELO DE NEGÓCIOS

Faça o seu negócio prosperar com este modelo simples

escrito por Magali Marbaise
traduzido por Alva Silva

com base em análises de mercado e dados rigoro-
samente recolhidos e estudados.

- ○ <u>Lona:</u> um esboço básico que agrupa uma coleção
  de elementos de forma estruturada.

INTRODUÇÃO

Empregados ambiciosos que queiram subir na carreira
da sua empresa e viabilizar ideias revolucionárias e de
alto valor, bem como empresários que queiram revigo-
rar a sua empresa ou aumentar a sua quota de mercado, se beneficiariam de uma compreensão profunda
de como funciona o seu negócio, como gera crescimento e que alavancas de crescimento são as mais
úteis. O quadro de modelo de negócios é uma excelente
forma de desenvolver este entendimento.

Esta ferramenta estratégica foi desenvolvida por
Alexander Osterwalder (teórico austríaco, nascido em
1974) e Yves Pigneur (cientista informático belga e professor na Universidade de Lausanne, nascido em 1954)
no seu livro best-seller *Business Model Generation: inovação em modelos de negócios* (2010). É utilizado principalmente (embora não exclusivamente) por empresários,
e visa permitir-lhes transformar as suas ideias em pro-
jetos inovadores e competitivos. Para tal, os autores
encorajam todas as empresas que utilizam o quadro de
modelo de negócios a refletir sobre o valor que criam
para os seus clientes e para si próprios. Este modelo é
particularmente adequado para aqueles que operam
em pequenas empresas ou *start-ups*, onde a estrutura

não é fortemente hierárquica: o quadro oferece uma abordagem mais sistemática do que a maioria dos modelos tradicionais, articulando as diferentes partes componentes do negócio.

DEFINIÇÃO DO MODELO

Segundo os criadores do método, este quadro permite às organizações criar, entregar e capturar valor (Osterwalder e Pigneur, 2010).

O quadro de modelo de negócios faz parte da tendência de pensamento visual e de design. Isto significa que, através do seu processo não linear, permite a criação de um sistema visual que é acessível, legível e fácil de compreender por todos. Este quadro é um meio que os empresários podem utilizar para refletir e construir o seu modelo de negócio em uma única página: podem facilmente organizar as suas ideias nos quadros do modelo, a fim de passar mais rapidamente – e de forma eficaz – à ação. O fato de oferecer uma visão geral dos modelos em construção facilita a definição clara de prioridades, a criação de planos de ação concretos e uma abordagem criativa e adaptável, o que simplifica grandemente o desenvolvimento futuro de um plano de negócios. Esta ferramenta também melhora as interações com os clientes e estimula a comunicação entre os empregados.

TEORIA

Todas as empresas sonham em ter as chaves do sucesso, e quanto mais simples forem, melhor! Embora este quadro não tenha realmente levado em conta o aspecto puramente competitivo, continua sendo muito interessante, prático e acessível a todos.

AS NOVE FERRAMENTAS

A matriz consiste em nove blocos inter-relacionados que ilustram todas as atividades de uma empresa:

- principais atividades;
- parcerias-chave;
- recursos-chave;
- segmentos de clientes;
- canais;
- relações com clientes;
- proposta de valor;
- estrutura de custos;
- fluxos de receitas.

Claramente diferenciadas e identificadas, os quadros estão dispostos com cuidado e precisão sobre o quadro. Esta disposição cria sinergia entre elas, resultando em uma estratégia única para cada empresa que experimenta o exercício.

Criação de valor

- **Principais atividades.** As atividades-chave são essenciais para a empresa, uma vez que uma proposta de valor do cliente é criada através delas, o que indiretamente gera receitas. Estas atividades variam, dependendo do tipo de modelo de negócio. Por exemplo, em uma companhia de seguros, uma atividade--chave é a proteção dos bens dos clientes e a sua compensação em caso de perda; um hospital será responsável pela saúde dos pacientes. De acordo com Osterwalder, as atividades podem ser classificadas em três categorias diferentes:
    - as diretamente relacionadas com a fabricação de um produto;
    - aquelas que procuram desenvolver soluções (serviços) para satisfazer as necessidades dos clientes;
    - as que têm lugar, no todo ou em parte, na internet (sites de compras online ou bancos).

- **Parcerias-chave.** O ditado "duas cabeças pensam melhor que uma" é universal e tem particular ressonância no mundo profissional, dentro das nossas empresas. Ter e manter boas relações com parceiros cuidadosamente selecionados, competitivos e fiáveis fortalece a posição ocupada pela organização no seu mercado, reforçando o modelo empresarial.

A natureza da parceria depende dos objetivos da empresa:

- subcontratação para promover economias de escala ou reorientar as atividades;

- fusões para reduzir o risco e a incerteza ligados ao ambiente competitivo;

- aquisição de certos recursos e atividades que permitem que algumas atividades sejam externalizadas para outras empresas. Um exemplo disto seria uma companhia de seguros que utiliza um gabinete de avaliação externo para pagar os sinistros.

Existem vários perfis de parceiros-chave. Quer o parceiro seja uma empresa ou um indivíduo, o importante é que forneçam apoio, aconselhamento etc., o que facilitará o desenvolvimento de uma empresa: bancos, investidores, associados, fornecedores ou mesmo clientes, mas também concorrentes.

- **Recursos-chave.** Estes são os ativos da empresa, com os quais esta conta e que lhe permitem manter a sua atividade econômica ou realizar com sucesso a sua cadeia de valor. Portanto, há um grau de interdependência entre a saúde da empresa – tanto financeira como humana, intelectual (patentes etc.) ou material – e os recursos disponíveis para (re)lançar uma proposta de valor. Seguindo esta lógica, as pequenas e médias empresas aproveitarão ao máximo a dimensão relativamente pequena das suas equipes (recursos humanos) para se concentrarem no contato pessoal regular com os clientes. Pelo contrário, uma empresa de TI pode preferir concentrar-se em recursos materiais, tais como processadores, refrigeradores ou armazéns, a fim de melhorar a sua proposta de valor.

- **Segmentos de clientes.** A maioria das empresas deve a sua prosperidade aos seus clientes, que são a força motriz por trás de muitas atividades econômicas. Por isso que é importante conhecê-los bem, identificar as suas expectativas e propor uma oferta que melhor satisfaça as suas necessidades. A partir destes, a organização estabelece segmentos de clientes com necessidades idênticas ou semelhantes e escolhe quais os grupos visar em particular.

 ## DEFINIÇÃO E ESCOLHA DE SEGMENTOS

Existem diferentes tipos de segmentos de clientes, tais como o mercado de massas, o mercado de nicho, o mercado diversificado etc. Dependendo do tipo de atividade escolhida, da sua capacidade financeira e da situação econômica, a empresa visará um ou outro segmento. Por exemplo, um restaurante de luxo procurará atrair principalmente clientes ricos, enquanto um bar oferecerá um cardápio mais acessível (a menos que esteja disposto a oferecer algo diferente e vise um tipo diferente de clientela; nesse caso, optará por uma abordagem diferente, por exemplo, oferecendo vinhos de maior qualidade e enfatizando esta escolha nas suas comunicações). A escolha do segmento pode também basear-se na localização geográfica: o estabelecimento de um restaurante de luxo parece mais apropriado em alguns locais do que em outros (no centro da cidade ou no campo).

- **Canais.** As propostas de valor são entregues aos clientes através de canais. Publicidade, redes sociais etc. são 'interfaces' cruciais entre a empresa e os seus clientes.

- **Relações com os clientes.** A otimização das relações com os clientes é um tema preferido de qualquer empresa. A criação de relações com os consumidores de propostas de valor incentiva a sua lealdade, garantindo assim, de certa forma, a sustentabilidade da empresa. Uma relação é construída através do contato repetido entre o cliente e o produto/serviço/empresa, quer isto envolva consumo ou experiência como tal, ou exposição ao marketing em torno da oferta. Cada empresa deve, portanto, estabelecer uma política concreta através da qual define as suas relações atuais e futuras com o cliente. Estas relações podem assumir várias formas, incluindo uma abordagem mais personalizada, autosserviço e padronização.

- **Proposta de valor.** As propostas de valor são os serviços ou produtos que a empresa oferece (vende) aos seus clientes.

👁 O QUE É O VALOR?

Valor é o que permite a uma empresa se expandir, conquistar e reter clientes que procuram valor agregado: valor pelo dinheiro, marca, qualidade de serviço e eficiência. A fim de concretizar este valor, é importante saber, portanto, quais necessidades foram satisfeitas – e, sobretudo, quais necessidades não foram satisfeitas – no mercado, e analisar o que está sendo oferecido pela concorrência.

Equilíbrio financeiro

- **Estrutura de custos.** Muitas partes do modelo de negócio incorrem e geram custos (a publicidade é um bom exemplo).

- **Fluxos de receitas.** Aqui contém as respostas às seguintes perguntas: Quais são as fontes de receitas? Qual o preço que os clientes estão dispostos a pagar e por quais produtos? A geração de fluxos de receitas é, portanto, crucial, uma vez que a sobrevivência de qualquer negócio depende disso. As ofertas mais comuns incluem a venda de mercadorias, direito de utilização (os clientes pagam para utilizar o produto ou serviço), subscrições, aluguéis/empréstimos etc. Além destas receitas provenientes da relação B2C, as receitas das parcerias B2B, tais como publicidade e patrocínio, não devem ser negligenciadas.

APLICAÇÃO PRÁTICA

DICAS E MELHORES PRÁTICAS

Organização de um workshop do BMC

Como mencionado anteriormente, este modelo é interativo: os participantes da empresa sentam-se, desenham a matriz em uma grande folha de papel, que colam em uma parede ou colocam no meio da mesa, discutem, interagem e 'colam' as suas ideias no modelo. O método Post-it®, sugerido por Osterwalder, parece muito eficaz no contexto deste trabalho de grupo: as ideias podem ser removidas, substituídas e deslocadas à medida que a discussão avança e são feitas diferentes observações. Durante o workshop, o quadro de modelo de negócios não permanece ‹fixo›, mas é construída uma nota em forma de Post-it® de cada vez (Osterwalder e Pigneur, 2010), desde então podemos observar o seguinte.

- Os usuários pensam ativamente no que devem colocar em cada quadro do modelo, fazendo a si próprios uma série de perguntas. Por exemplo, para a proposta de valor, seria interessante pensar no valor que a empresa fornece ao cliente, o problema que se propõem resolver, as necessidades a que estão respondendo etc. Estes pontos devem ser abordados com a maior profundidade possível.

- Cada participante tem um bloco de Post-it® e uma caneta, o que lhe permite compartilhar os seus pensamentos com os seus colegas e organizar as suas ideias todos ao mesmo tempo. Nesta abordagem, o modelo de negócio é desenvolvido através de *brainstorming* e de anotar ideias. A ideia principal é que a simplicidade estimule a criatividade. O objetivo também é envolver os funcionários de todos os níveis da empresa.

Finalmente, as empresas devem lembrar-se de testar o seu modelo regularmente. A apresentação de hipóteses permite que o modelo de negócio seja aperfeiçoado à medida que a empresa se desenvolve.

 **RECOMENDAÇÕES DOS AUTORES**

Para criar e implementar um novo modelo de negócio, Osterwalder e Pigneur sugerem trabalhar em cinco fases:

- **mobilizar**, definindo os objetivos precisos do projeto, testando as primeiras ideias, fazendo o planejamento do projeto e reunindo uma equipe de pessoas experientes e entusiastas com perfis diferentes;

- **compreender**, através de estudos de mercado e análises transversais;

- **desenhar**, o que envolve explorar, testar e deixar ir ideias preconcebidas que são reconfortantes, mas que impedem as pessoas de ver as coisas de forma diferente;

- **criar,** através da implementação de um plano de negócios e de um plano financeiro;

- **gerir,** através de um acompanhamento rigoroso da situação no dia a dia, a fim de ajustar ou até mesmo repensar o modelo de negócio.

Recomendações rápidas

Quando um líder está considerando repensar o modelo de negócio da sua empresa, deve-se sempre repensar em:

- assegurar que a sua abordagem é legítima, relevante e consistente;

- prever a participação ativa de todos os níveis da empresa, a fim de obter uma visão global e evitar possíveis resistências à mudança;

- apelar a um mediador imparcial que possa liderar os debates e desafiar os participantes;

- fazer um balanço do que já existe, a fim de decidir se deve ou não começar do zero;

- decidir quem deverá se encarregar do projeto para assegurar uma transição suave ao implementar novas diretrizes.

ESTUDO DE CASO

Este estudo de caso toma como tema uma livraria não especializada, que vende romances, livros sobre arte e música, livros acadêmicos e livros científicos. É conhecida pela qualidade das suas recomendações sobre literatura, bem como pelo seu vasto catálogo de livros escolares e universitários.

Como o nicho do livro tem sofrido muitas mudanças nos últimos anos, tais como a introdução das vendas online, as livrarias estão ficando cada vez menos ocupadas. Além disso, o ponto de venda em questão enfrenta uma dura concorrência: existem várias livrarias em uma pequena área, e cada uma delas está tentando chegar à frente, diversificando ou especializando-se. Especificamente, surgiu um concorrente direto no mercado dos livros escolares. Portanto, chegou o momento de a loja reconsiderar o seu modelo de negócio a fim de permanecer aberta.

O gerente da livraria decide rever o seu modelo de negócio e convoca o seu pessoal (a equipe de comunicação, o contador, os vendedores, a equipe de recepção etc.) para rever a situação. Juntos, devem fazer uma série de perguntas a fim de preencher o quadro e atualizar o atual modelo de negócio. É importante notar aqui que eles podem começar com qualquer segmento no modelo.

 ## ACONSELHAMENTO PARA LÍDERES

Osterwalder adverte contra algumas armadilhas:

- Não tenha medo de ideias muito ousadas, ao ponto de as rejeitar sistematicamente. Embora possam gerar mais riscos, são também frequentemente mais interessantes. No entanto, isto não significa aprová-las sem qualquer outra reflexão. Por exemplo, podem ser testadas inicialmente, depois ajustadas e adaptadas se se revelarem eficazes.

- Não começar automaticamente do zero, porque pode haver alguns elementos úteis a reter do modelo anterior.

- Não excluir certos membros da equipe, porque as melhores ideias surgem frequentemente através do compartilhamento de ideias.

- Não se concentre apenas no curto prazo. Como em qualquer desenho de modelo de negócio, olhar para os riscos a longo prazo limita os riscos.

Análise do antigo modelo de negócio

À medida que as discussões avançam, o quadro vai enchendo e revela uma visão geral do atual estado das coisas, com os pontos fortes e fracos do atual modelo empresarial.

- **Segmentos de clientes. Quem são os maiores clientes da livraria? Que segmentos são atingidos? Para quem criam valor?** Neste caso, os principais clientes vêm de escolas e universidades, que enviam diretamente os seus alunos para esta livraria. Bibliotecas e clientes fiéis – na sua maioria pensionistas – visitam regularmente para se beneficiarem das suas recomendações.

  - Mercado estável: bibliotecas e clientes fiéis.

- Mercado a recapturar todos os anos: universidades.

  - Visitas de indivíduos ou do público em geral, que conhecem o nome da livraria ou já visitaram, e que vêm uma ou mais vezes por ano, em ocasiões mais ou menos aleatórias (livro ou encomenda específica, navegação, presentes etc.).

- **Proposta de valor. Qual é o valor acrescentado da livraria?**

  - Conselhos sábios para clientes fiéis, o público e os bibliotecários.

  - "Preços imbatíveis" para alguns bibliotecários e para escolas ou universidades (e, portanto, indiretamente para estudantes).

- **Canais. Como é que a loja se comunica com os clientes? Que canais utiliza?** Os canais atualmente utilizados são essencialmente o e-mail e o telefone. Universidades e bibliotecas são geralmente contatadas remotamente, enquanto os vendedores trabalham através do contato direto com os clientes que visitam a loja.

- **Relações com os clientes. Que tipo de relações a livraria tem com os seus clientes? Mantém uma relação de confiança com clientes fiéis, e com instituições tais como bibliotecas e universidades?** Nestas relações, todos se beneficiam: a empresa pode reduzir os seus custos, enquanto as bibliotecas e universidades compram os seus livros com o melhor preço. A relação com o cliente é adaptada em função do cliente.

- **Fluxos de receitas. O que é que os clientes pagam? Como é que pagam?** As mercadorias são vendidas diretamente: os clientes pagam diretamente no balcão ou por fatura para bibliotecas e universidades. Pagam com o conhecimento de que estão recebendo um serviço e conselhos a que estão habituados e que apreciam.

- **Recursos-chave. Que recursos-chave que a proposta de valor da livraria requer?**

  - Os recursos-chave de uma livraria são principalmente os recursos humanos, especialmente hoje. Os clientes vão até lá para receber conselhos e manter uma relação especial com a livraria.

  - O segundo recurso-chave é financeiro (preços de venda e descontos discutidos com fornecedores, o que têm um impacto particular nas vendas a universidades e bibliotecas).

- **Atividades-chave. Quais são principais atividades resultantes da proposta de valor da livraria?** A fim de assegurar o melhor preço para as universidades e bibliotecas, o gestor faz regularmente pesquisas de mercado sobre os preços e serviços oferecidos pela concorrência. Além disso, a qualidade do aconselhamento depende da perícia dos vendedores.

- **Parcerias-chave. Quem são os parceiros-chave da livraria? Com quem trabalha? Quais os parceiros que a ajudam a criar valor?** A livraria estabeleceu relações de confiança com uma rede de fornecedores especializados. As suas situações econômicas estão estreitamente ligadas: um declínio nas vendas para a livraria resulta em uma perda de rendimentos para os fornecedores. Os fornecedores elaboraram, assim, uma lista de encomendas que devem ser revistas regularmente, pois nem sempre correspondem às vendas reais da livraria (livros excedentes que a livraria não consegue vender). Portanto, deve ser encontrado um equilíbrio, especialmente porque alguns fornecedores "bloqueiam" as encomendas se a livraria estiver em atraso com os seus pagamentos (isto implica naturalmente menos estoque, o que por sua vez gera menos vendas, criando assim um círculo vicioso). Por conseguinte, é vital manter uma relação de confiança com os fornecedores. Os distribuidores desempenham um papel importante também, pois é imperativo que a livraria cumpra os seus prazos de entrega prometidos. A este respeito, a concorrência é dura com sites que garantem a entrega no prazo de dois a três dias úteis. Este ponto pode ser melhorado, uma vez que a livraria está atualmente sofrendo de grandes atrasos.

- **Estrutura de custos. Quais são os principais custos da livraria? Quais são as atividades mais caras?** As livrarias tratam diretamente das encomendas. O gestor trata de pedidos específicos de universidades, a fim de encomendar maiores quantidades. Os custos de compra variam, porque dependem do volume de encomendas e de quaisquer descontos oferecidos pelo fornecedor: atualmente, são muito elevados. Os custos salariais também são significativos, porque a idade média dos funcionários é relativamente elevada.

Adaptação do modelo de negócio

Quanto os participantes, tudo parece possível: têm simplesmente que ousar e fazer as perguntas necessárias para atualizar o modelo de negócio. Podem começar a sua reflexão com qualquer um dos quadros internos ao quadro maior. Idealmente, devem assegurar-se de que as inovações são imaginadas para cada quadro interno do quadro maior para que seja escolhida a sugestão mais adequada para a situação.

Assim, ao adicionar, remover e mover as notas adesivas com as várias ideias de cada empregado da livraria, o modelo é representado de forma mais objetiva, o que gera novas sinergias construtivas.

Grandes mudanças

Esta nova versão do modelo empresarial coloca o cliente no centro das suas preocupações: procura otimizar a proposta de valor, desenvolver as relações com os clientes etc. Esta última dimensão, frequentemente negligenciada ou posta de lado pelas empresas, pode orientar inteligentemente as escolhas estratégicas. A nova configuração é mais receptiva aos problemas enfrentados pela livraria, porque o cliente, que pode ter diferentes razões para ler (desde o cliente leal, mais velho, até ao desenvolvimento de um novo segmento que é mais jovem e/ou que já não vai até a livraria) é colocado no centro da estrutura econômica. A livraria precisa, principalmente, rever as suas principais atividades (leituras, eventos literários, formação de empregados), a sua estrutura de custos (site, custos salariais), os seus parceiros-chave (distribuidores, fornecedores, concorrentes), os seus canais de comunicação (desenvolvimento do seu site) etc.

LIMITAÇÕES E EXTENSÕES

LIMITAÇÕES E CRÍTICAS

- **Falta de foco no aspecto estratégico.** Como já foi dito anteriormente, o BMC ignora o aspecto estratégico do negócio. Coloca a proposta de valor no centro da sua abordagem, assumindo que o principal desejo de qualquer negócio é ganhar dinheiro. Isto é significativo, se não essencial, para a sobrevivência das empresas, mas nem todas elas colocam os lucros no topo da sua agenda. Em particular, este é o caso das associações sem fins lucrativos. A abordagem estratégica é importante para o desenvolvimento de qualquer empresa, e ao ignorá-la arriscamo-nos a perder segmentos importantes de clientes que talvez não tivéssemos considerado.

- **Não pode ser aplicado a todas as empresas.** Segundo Philippe Moricou (Professor de Estratégia na ESSCA) em uma entrevista com o site My-Business-Plan.fr, comenta que parece que o BMC pode ser aplicada mais facilmente a empresas de atividade única, tais como *start-ups*, do que a organizações multidisciplinares. Moricou acredita que isto se deve à simplicidade da matriz. De fato, as potenciais sinergias entre as diferentes atividades podem não caber necessariamente nos quadros relativamente básicos do modelo.

- **Não considerar o ambiente externo à empresa.** O quadro de modelo de negócios centra-se na estrutura e funcionamento interno da empresa, e não tem em conta (ou apenas considera de forma muito limitada) fatores externos, tais como a concorrência. Contudo, pensar na concorrência ao estabelecer o modelo é importante, pois uma mudança a este nível pode ter um efeito direto sobre ele, ao exigir que a empresa reveja os seus objetivos, por exemplo. No nosso estudo de caso, a empresa pretendia rever o seu modelo empresarial devido ao aumento da concorrência que corria o risco de afetar as suas propostas de valor.

- **Análise estática.** O BMC não tem em conta a evolução do negócio em estudo: permite uma visão geral da situação em um determinado momento e, portanto, ignora completamente a visão a longo prazo.

MODELOS E EXTENSÕES RELACIONADAS

Como o quadro de modelo de negócios tem algumas limitações, incluindo, em particular, a falta de uma dimensão estratégica, vale a pena considerar a sua combinação com outras ferramentas para que possam se complementar umas às outras.

A matriz BCG para orientar a estratégia

Com base nos quatro tipos de áreas de negócio estratégicas (estrelas, pontos de interrogação, vacas gordas e cães), este modelo pode complementar o BMC, que não leva em conta estas realidades que influenciam as escolhas estratégicas. A ideia da matriz da BCG é avaliar tanto o mercado do produto como as perspectivas de crescimento do produto no mercado. A empresa utiliza estes parâmetros para determinar prioridades na sua carteira de produtos e assegurar a criação de valor a longo prazo e a gestão do fluxo de caixa.

As cinco forças de Porter para vencer a competição

As cinco forças de Porter determinam a atratividade de uma indústria. O pressuposto é que as empresas procuram uma vantagem competitiva, que é medida pela sua capacidade de gerar lucros ou de captar recursos. Estas cinco forças são: potenciais concorrentes (aqueles que podem entrar no mercado e ser uma ameaça), produtos substitutos (produtos em concorrência direta), clientes e distribuidores, bem como fornecedores (que têm poder de negociação).

RESUMO

- O quadro de modelo de negócios vem do livro *Business Model Generation: inovação em modelos de negócios*, coescrito por Alexander Osterwalder e Yves Pigneur.

- É um modelo prático, que é muito fácil de utilizar e diretamente aplicável. Envolve todos os níveis na hierarquia da empresa, mas é mais adequado para *startups* do que para grandes empresas.

- A matriz é baseada na proposta de valor fornecida aos clientes. Os nove blocos que compõem a tela sobrepõem-se, e o modelo de negócio é desenvolvido utilizando as sinergias criadas entre eles:

  - principais atividades;

  - parcerias-chave;

  - recursos-chave;

  - segmentos de clientes;

  - canais;

  - relações com clientes;

  - proposta de valor;

  - estrutura de custos;

  - fluxos de receitas.

- O uso de Post-it® estimula a criatividade porque podem ser movimentadas livremente durante uma oficina. Isto envolve os diferentes participantes que estão refletindo sobre a criação de valor da empresa. O objetivo é estar ciente das várias medidas que precisam ser postas em prática para implementar um plano concreto e diretamente aplicável.

- Os autores fazem várias recomendações importantes: assegurar a legitimidade do processo, enfatizar uma visão geral do modelo, considerar um mediador para liderar as discussões, fazer um balanço da situação atual, e identificar as pessoas responsáveis pela realização do projeto.

- Como vimos no exemplo concreto da livraria, as relações com os clientes e as propostas de valor são fundamentais nesta tela. Contudo, os autores advertem os líderes empresariais para não terem medo de ser muito inventivos, para envolverem o maior número possível de pessoas na concepção do BMC, e para tomarem como ponto de partida aquilo que já conhecem, em vez de recomeçarem do zero, pois isto poderia causar sérios problemas de coerência.

- Este instrumento tem, no entanto, algumas limitações, tais como a sua incapacidade de cobrir aspectos estratégicos e competitivos. A sua utilização juntamente com um plano de negócios irá assegurar que nenhum detalhe seja esquecido.

LEITURA ADICIONAL

BIBLIOGRAFIA

Créativité.net (2016) *Business Model – Nouvelle Génération: Un guide pour visionnaires, révolutionnaires et challengers d'Alexander Osterwalder et d'Yves Pigneur*. [Online]. Acessado em 20 de julho de 2015. Disponível em: <http://www.creativite.net/business-model-nouvelle-generation-alexander-osterwalder-yves-pigneur/>

Kotler, P., Keller, K. e Manceau, D. (2012) *Marketing Management*. 14a edição. Paris: Pearson.

Menin-Urien, G. (2012) 2013, action commercial – Conseil 6: apportez de la valeur ajoutée! *Le Blog du Manager comercial*. [Online]. Acessado em 20 de julho de 2015. Disponível em: <http://www.management-commercial.fr/2012/12/21/2013-quelle-action-commerciale-apportez-de-la-valeur-ajoutee/>

My-Business-Plan.fr (2013) *Philippe Mouricou vous dit tout sur le Business Model Nouvelle Génération*. [Online]. Acessado em 8 de julho de 2015. Disponível em: <http://www.my-business-plan.fr/interview-philippe-mouricou-business-model>

Osterwalder, A. e Pigneur, Y. (2010) *Business Model Generation: Um Manual para Visionários, Mudanças de Jogo e Desafios*. Hoboken, Nova Jersey: John Wiley & Sons.

UCM (2016) *Le Business Model Canvas. Un outil stratégique pour l'entreprise*. [Online]. Acessado em 8 de julho de 2015. Disponível em: <http://www.ucm.be/Entreprendre/

Le-Business-Model-Canvas-Un-outil-strategique-pour-l-entreprise>

Universidade de Lausanne (2016) Yves Pigneur. *Facultés des Hautes Études Commerciales*. [Online]. Acessado em 20 de julho de 2015. Disponível em: <https://hec.unil.ch/people/ypigneur>

FONTES ADICIONAIS

Site do quadro de modelo de negócios. Disponível em: <http://www.businessmodelgeneration.com/canvas/bmc>

Site de Alexander Osterwalder. Disponível em: <http://alexosterwalder.com/>

VÍDEOS

Quadro de modelo de negócios explicado. (2011) [Vídeo]. Disponível em: <https://youtu.be/QoAOzMTLP5s>

Osterwalder explicando o quadro de modelo de negócios. (2012) [Vídeo]. Disponível em: <https://www.youtube.com/watch?v=RzkdJiax6Tw>

Queremos ouvir você!
Deixe um comentário sobre a sua biblioteca online
e compartilhe os seus livros favoritos nas redes sociais!

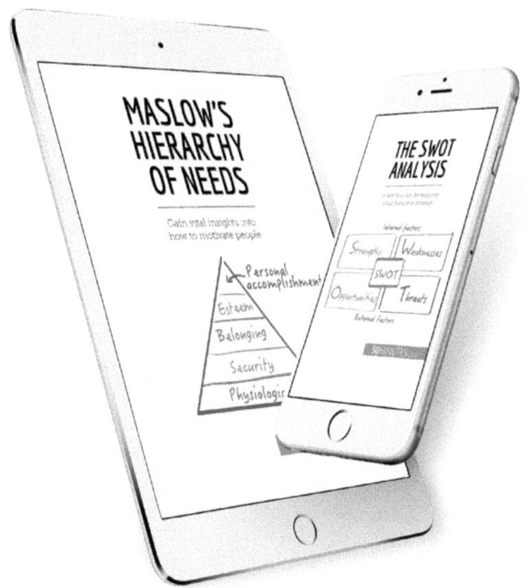

MASLOW'S HIERARCHY OF NEEDS
Gain vital insights into how to motivate people
Personal accomplishment
Esteem
Belonging
Security
Physiologic
THE SWOT ANALYSIS
Strengths
Weaknesses
SWOT
Opportunities
Threats

A editora assegura a fiabilidade da informação publicada, a qual, no entanto, não poderia assumir a sua responsabilidade.

Mestre ISBN: 9782808065559
Papel ISBN: 9782808065849
Depósito legal: D/2022/12603/113

Desenho digital: Primento,
o parceiro digital dos editores.